# Di lo que quieres decir 2016

Antología de siglemas 575

# Di lo que quieres decir 2016

## Antología de siglemas 575

Patricia Schaefer Röder, Editora

*Colección Carey*

Ediciones Scriba NYC

*Di lo que quieres decir 2016 – Antología de siglemas 575*
Patricia Schaefer Röder, Editora
©2016 PSR
Ediciones Scriba NYC
Colección Carey – Poesía


Fotografía y arte de portada: Jorge Muñoz
©Ediciones Scriba NYC, 2016


siglema575.blogspot.com


Impresión: CreateSpace


ISBN: 978-0-9845727-5-5


Scriba NYC
Soluciones Integrales de Lenguaje
26 Carr. 833, Suite 816
Guaynabo, Puerto Rico 00971
+1 787 2873728
www.scribanyc.com


© Todos los derechos reservados. Ninguna parte de esta publicación podrá ser reproducida, almacenada, transmitida de manera alguna ni por ningún medio, sea electrónico, químico, mecánico, óptico, de grabación o fotocopia, sin permiso previo del editor o el autor.


Septiembre 2016

*"Soy un poema
que respira palabras
en cien mil voces.
...
Adentro y fuera
soy pequeño e inmenso
en mil respuestas"*.

Patricia Schaefer Röder
"SIGLEMA"

# CONTENIDO

Prólogo .................................................................. 13

Siglemas 575 premiados ........................................ 15

Primer premio
PAPALOTE, Domingo Hernández Varona ........ 16

Segundo premio
PROHIBIDA SOY Y SERÉ, Mary Ely Marrero-Pérez ...... 17

Tercer premio
PLUMA, Madeline Santos Zapata ...................... 19

Menciones honoríficas ......................................... 20

FLORES DE PAPEL, Doris Irizarry Cruz ........... 21
UNIVERSO, María Berenice González Godínez ...... 23
LIBERTAD, Julieta Loaiza Montes ..................... 24
GRIS, Lucía Cruz ................................................. 25
PISADAS, Margarita Iguina Bravo ..................... 26
MAR, Álvaro Ortegón .......................................... 27
LUZ, Franyer Brito .............................................. 28

Siglemas 575 destacados ...................................... 29

CAMINO, Laura Escobar ..................................... 30
LUNA, José Luis Vázquez .................................... 31
SU VOZ, Carmen Chinea Rodríguez ................... 32
EL PAÍS QUE HABITO, Doris Irizarry Cruz ...... 33
EXILIO, María Antonieta Elvira-Valdés ............. 35
PUEDO, Domingo Hernández Varona ............... 36

MUJER, Idis Parra Batista ............................................................. 37

PRIMAVERA, Eduardo Horacio Gury ................................. 38

FANTASÍA, Eduardo Horacio Gury .................................... 39

POE, Camila Valle ........................................................................ 40

FUEGO, Gregorio Oscar Peña ................................................. 41

SEXO, Gregorio Oscar Peña ..................................................... 42

ETERNIDAD, Silvia Alicia Balbuena ................................... 43

MUJER, Julieta Loaiza Montes ............................................... 44

SIGLEMA, Pedro Miguel Castro Ramírez .......................... 45

Siglemas 575 seleccionados ...................................................... 46

SUSURROS DEL MAR, Margarita Iguina Bravo .............. 47

PRESOS, María Antonieta Elvira-Valdés ............................ 49

TEMA, Natashari Nazario ........................................................ 50

OLA, Lucía Cruz .......................................................................... 51

TUL, Lucía Cruz .......................................................................... 52

RUIDO, Jessica Rodríguez ........................................................ 53

POLUCIÓN, Néstor Quadri .................................................... 54

MATRIZ, Cynthia Montalvo Martínez ................................ 55

TEPPA, Harold Pestano ............................................................. 56

NOCHE CRISTALINA,
      María Grissel Canche Albornoz ................................ 57

AQUEL INSTANTE, Erleen Marshall Luigi ..................... 59

QUERER, Natalia Marín Navarro ......................................... 61

DOLOR, Alba Torres .................................................................. 62

REGALO, Evelyn Santos Pizarro ............................................ 63

AMA, Idis Parra Batista ............................................................. 64

OLVIDO, Carmen M. Silva Báez ............ 65
LUZ, Arisdai Gómez ............ 66
AMOR, Rubén D. Portilla Barrera ............ 67
EIDOLON, Ángel Isián ............ 68
DÍAS, Laura Escobar ............ 69
SONRISA, Laura Escobar ............ 70
NERUDA, Camila Valle ............ 71
MI TROVADOR, Isabel Patricia Vázquez ............ 72
LA SUERTE FELINA, Isabel Patricia Vázquez ............ 74
TIEMPO, Kevin Briceño ............ 76
CARTÓN, Daniel Népomuk ............ 77
ESCONDITE, Melissa Díaz ............ 78
VENEZUELA, Melissa Díaz ............ 79
CAFÉ, Génesis Matheus ............ 80
EXILIO, Wilmary Ortega Morales ............ 81
VALORES, Wilmary Ortega Morales ............ 82
BESOS, Silvia Alicia Balbuena ............ 83
PECADO, Silvia Alicia Balbuena ............ 84
MÚSICA, Eduardo Andrade ............ 85
CADENAS, José Carlos López Otero ............ 86
AMIGA, Araceli Blanco Rubio ............ 87
FE, Araceli Blanco Rubio ............ 88
LLUVIA, Michelle E. Cubero Abolafia ............ 89
TIERRA, Michelle E. Cubero Abolafia ............ 90
CAUTÍN, José San Martín ............ 91
AGUA, Juan Fran Núñez Parreño ............ 92
GUERRA, Juan Fran Núñez Parreño ............ 93

IANY, Mario José Artcadia Panet .................... 94

SOL, Vladimir Alvarado ............................. 95

MUNDO, Guillermo Echevarría ................... 96

FANTASÍAS, Guillermo Echevarría ............. 97

ELLA, Julián Rodríguez ............................. 98

TIEMPO, Selene López ............................. 99

HIJO DE LA SANGRE, Ariel A. Santiago Bermúdez ... 100

RUMBA DE BARLOVENTO,
    Ariel A. Santiago Bermúdez .................... 102

PONENCIA DEL AMOR DESFIGURADO,
    Ariel A. Santiago Bermúdez .................... 104

INCERTIDUMBRE, Ricardo Marquina ............ 107

SIGLEMA, Álvaro Ortegón ........................ 109

SOL, Álvaro Ortegón ............................... 110

LESBIANA, Lizzie R. Nevarez De Jesús ........ 111

TARDE, Pedro Yajure Mejía ...................... 112

AMOR, Luis Zhumi Lazo .......................... 113

MI HIJA, Luis Zhumi Lazo ....................... 114

MADERA, Madeline Santos Zapata ............. 115

TURANDOT, Madeline Santos Zapata ......... 116

AMANTE, Mariela Cordero ....................... 117

DESEO, Mariela Cordero .......................... 118

CAE, Solimar Ortiz Jusino ........................ 119

DISCERNIR, Elena Aguirre ....................... 120

ARTRITIS, Elena Aguirre .......................... 121

CATUCA, Orquídea Minyete ..................... 122

SILENCIO, Nicole Hsiao ........................... 123

| | |
|---|---|
| HAMBRE, Nicole Hsiao | 124 |
| IDEA, Eduardo Horacio Gury | 125 |
| POÉTICA, Rubén Guzmán | 126 |
| TENGO RABIA BUENA, Mary Ely Marrero-Pérez | 127 |
| BOLERO, José Luis Vázquez | 129 |
| TANTO, José Luis Vázquez | 130 |
| RELOJ DE ARENA, Jubitza Izaguirre | 131 |
| SONRISAS, Elizabeth Torres Santiago | 133 |
| INSPIRACIÓN, Elizabeth Torres Santiago | 134 |
| MIRAR, Jesús Pérez | 136 |
| MEJORA, Manuel Serrano Funes | 137 |
| MADRE, Yorleska González | 138 |
| CAUTIVA, Nereida Meléndez Lebrón | 139 |
| CESÁREA, Nereida Meléndez Lebrón | 140 |
| SABER, Garikoitz Arnaiz | 141 |
| ESCRITURA, Julieta Loaiza Montes | 142 |
| TEMPERATURA, Gregorio Oscar Peña | 143 |
| MURO, Maite Ramos Ortiz | 145 |
| LUTO, Maite Ramos Ortiz | 146 |
| TEMPO, Maite Ramos Ortiz | 147 |
| TQM, Federico Jagenberg | 148 |
| LEY, Federico Jagenberg | 149 |
| AVE, Ramón L. Aponte | 150 |
| LIBRE, Ramón L. Aponte | 151 |
| QUÍMICA, Wanda Lluveras Gómez | 152 |
| BESO, Sulyin Tiberio | 153 |
| MANO, Silvia Gabriela Vázquez | 154 |

PAZ, Silvia Gabriela Vázquez ................................................. 155

AGUA, Silvia Gabriela Vázquez ............................................ 156

FRUSTRACIÓN, Elba Gotay Morales ................................ 157

MIRADA, Óscar Quijada Reyes ............................................ 159

POESÍA, María Berenice González Godínez ..................... 160

SER, María Berenice González Godínez ............................ 161

VIDA, Samantha Chirinos ....................................................... 162

ELUCUBRACIONES, Sandra Santana-Segarra ............... 163

UNA ROSA AMARILLA, Sandra Santana-Segarra ......... 165

ESPERO, Sandra Santana-Segarra ........................................ 167

RENIEGO, Carmen Chinea Rodríguez ............................. 168

GAY, Juan J. Velásquez ............................................................ 169

EL HORTICULTOR, Kiara M. Cartagena ....................... 170

CIBERTÓXICO, Arlene Irizarry ........................................ 172

CIMA, Arlene Irizarry ............................................................ 174

ALUD, Krysthal M. Sostre Del Río ..................................... 175

PLAYA, Sandra Naffah ........................................................... 176

TIGRE CEBADO, Miguel Ángel Lazarte ......................... 177

ÓSCAR, Ruth Giusti Rosa .................................................... 179

PATRIA, Ruth Giusti Rosa ................................................... 180

CALIA, Juan Ricardo García ................................................ 181

DERIVA, Juan Ricardo García ............................................. 182

PISCINA, Claudia Naffah ..................................................... 183

HAMBRE, Lionel A. Santiago Vega ................................... 184

ANSIEDAD, Domingo Hernández Varona ...................... 185

CRISIS, Rebecca Pedrosa Martínez .................................... 186

VENEZUELA, Elbelis Perdomo ......................................... 187

# PRÓLOGO

Una de las necesidades primordiales del ser humano es la comunicación. Siempre tenemos algo que decir; así, nos encontramos interactuando constantemente, no solo con quienes nos rodean, sino también con los que están lejos, a través de los medios de comunicación y las redes sociales.

El *siglema 575* nos permite expresar de manera lírica aquello que nos interesa, que nos mueve, que nos inspira. Esta forma poética de métrica breve y rima libre nos deja definir lo que sentimos y hacerlo en nuestro propio estilo, yendo directamente al grano, siguiendo la tendencia actual que nos lleva hacia lo que de verdad importa. Esta poesía minimalista se basa en la premisa de que "todo se originó de un punto, y todo puede reducirse a un punto".

Conceptualmente, un siglema 575 es un poema que se escribe en base a las letras de la palabra o palabras que definen su tema y que constituyen su título, que queda representado en mayúsculas, como una especie de acrónimo. Cada estrofa posee tres versos, de los cuales la primera palabra del primero debe comenzar con la letra correspondiente a la sigla que le toca. La métrica es 5-7-5, con rima libre. Por su naturaleza acrónima, las diferentes estrofas deben poder funcionar independientemente como un poema autónomo que trate el tema en cuestión, y en conjunto, como parte de un poema de varias estrofas que gire alrededor del mismo tema. En un siglema 575 hay tantas estrofas como letras posea el título. © 2011 PSR

**Scriba NYC Soluciones Integrales de Lenguaje**, en su compromiso con la excelencia en la comunicación escrita, convocó al Segundo Certamen Internacional de Siglema 575 "Di lo que quieres decir" 2016 a raíz del gran éxito obtenido en la edición anterior del mismo en 2015. Este año tomaron parte poetas de once países de América y Europa, enviando más de 270 participaciones que abarcaron diversos temas. El jurado estuvo conformado por cuatro escritores destacados de tres países: Raúl Castillo Soto (Puerto Rico/EEUU), ganador del Primer Certamen Internacional de Siglema 575 "Di lo que quieres decir" 2015; Jeamel Flores (Perú), Profesora de Lenguaje y Filosofía en la Universidad Ricardo Palma de Lima; José G. Santos Vega (Puerto Rico), poeta miembro de la Liga de Poetas del Sur; y Samar De Ruis (Puerto Rico), cofundadora del grupo literario Cómplices en la Palabra. Ellos consideraron cada uno de los siglemas 575 participantes en cuanto a su lírica, minimalismo, conceptualización del tema en cada estrofa e integración de todas las estrofas en un poema que plasme el tema de inspiración.

El primer premio lo obtuvo PAPALOTE, de Domingo Hernández Varona (EE.UU.); segundo premio PROHIBIDA SOY Y SERÉ, de Mary Ely Marrero-Pérez (Puerto Rico); tercer premio PLUMA, de Madeline Santos Zapata (Puerto Rico). Las menciones honoríficas recayeron en FLORES DE PAPEL, de Doris Irizarry Cruz (Puerto Rico); UNIVERSO, de María Berenice González Godínez (México); LIBERTAD, de Julieta Loaiza Montes (Colombia); GRIS, de Lucía Cruz (Puerto Rico); PISADAS, de Margarita Iguina Bravo (Puerto Rico); MAR, de Álvaro Ortegón (Colombia) y LUZ, de Franyer Brito (Venezuela).

*Di lo que quieres decir 2016* recoge los siglemas 575 premiados, así como una selección de los más destacados en el certamen. La denuncia y la crítica social, así como la patria, la vida, la naturaleza, la familia, las pasiones, el erotismo y las artes fueron algunos de los temas universales preferidos por un gran número de poetas en este encuentro internacional. Asimismo, estampas efímeras que quedaron en el recuerdo, el homenaje a alguien que partió, e incluso la conciencia de que la rabia puede ser buena, quedaron plasmadas a través de esta forma poética esencial y minimalista.

**Scriba NYC Soluciones Integrales de Lenguaje** agradece la concurrencia de los participantes en este encuentro y felicita a los poetas premiados, así como a todos los concursantes, por haber aceptado el reto poético del siglema 575, atreviéndose a *decir lo que quieren decir*.

Patricia Schaefer Röder, Editora

# SIGLEMAS PREMIADOS

# PRIMER PREMIO

## Domingo Hernández Varona
Estados Unidos

PAPALOTE

Pliego azulado
rojo, verde, amarillo
danza la tarde.

Alada nave
zigzagueando, cielo
limpio, sol claro.

Papalote de
mi infancia tan lejana
tengo tu vuelo...

Armado aquí
en mis recuerdos, palpo
la cuerda tensa.

Largo camino
surcando la brisa amplia
aquel juguete...

Oronda flecha
rombo diminuto, alza
su ínclito cuerpo.

Tienta la tarde
de un mayo esplendoroso
su discromía.

Empínate mi
papalote por siempre
no te detengas.

# SEGUNDO PREMIO

## Mary Ely Marrero-Pérez
Puerto Rico

PROHIBIDA SOY Y SERÉ

Peligro soy
cuando quedo vedada
en fantasías.

Riesgo perenne
si me amas, furtivo
la llama altiva.

Obstaculizo
si paso clandestina
por tu mirada.

Himnario, voz
pasión, vida y cadencia
en tus anhelos.

Inmune soy
ante tus sueños parcos
pues soy poeta.

Bruja de letras
maga de metáforas...
te encanto, lector.

Iza pasiones
con mis astas de lírica
y ondea sangre.

Divina soy
elixir que se plasma
en tinta roja.

Arrastra ojos
por páginas de pieles
que voy escrita.


Saliva dedos
para hojearme toda
que voy leída.

Ostenta: tienes
la vehemencia mía...
falacias rotas.

Yugo serás
de la musa salvaje
pues soy prohibida.


Yaciente alma
te revivo con liras
si tú me lees.


Si te arriesgas
penétrame prohibida
sin censurarme.

Escollo tuyo
es mi alma de poeta
cuando me tienes.

Rienda librada
es tu espíritu puro
sin la condena.

Épica mía
en tus ojos ardientes
seré prohibida.

# TERCER PREMIO

## Madeline Santos Zapata
Puerto Rico

PLUMA

Propicia siempre
a los poetas y monjes
punta y tinta.

Longevo tallo
hueco, firme y sutil
barro y cuña.

Urgente trazo
pactos, salmos y dogmas
cálamo culto.

Musas nocturnas
entintan mil punzadas
rúbrica vivaz.

Amante regia
falo dócil y fértil
mancha mi lienzo.

# MENCIONES HONORÍFICAS

# MENCIÓN DE HONOR

## Doris Irizarry Cruz
Puerto Rico

### FLORES DE PAPEL

Flores de papel
corazón de origami
saldan la cuenta.

Latidos falsos
gravitan la órbita
de tu mentira.

Oleaje febril
que erosiona mi alma
orillada en sal.

Resaca infame
de besos abortados
empapelados.

Eres el ruido
disperso en la borrasca
de mi tormento.

Silente espasmo
en espera del grito
que nunca llega.


Desechas en mí
infecunda y madura
semilla al viento.

Ebria utopía
que parasita el vientre
amordazado.


Pira de sueños
dobleces despiadados
queman por dentro.

Abreviatura
de esencia reciclada
brevedad fútil.

Página en blanco
pliegue insignificante
que juega al azar.

El tiempo vendrá
deshojará tu historia
bajo un vendaval.

La lluvia caerá y
seré yo quien te ofrezca
flores de papel.

# MENCIÓN DE HONOR

## María Berenice González Godínez
México

<u>UNIVERSO</u>

Unidad de
vacío eterno traza
figura abstracta.

Nunca es luz, pero
tampoco oscuridad
es gran silencio.

Infinito es
lejanía inefable
en expansión.

Vórtice de
estrellas que transporta
iridiscencia.

Espacio que
sopla galaxias sin
comienzo y fin.

Resplandor del
caos en gravedad
inexistente.

Serendipia entre
la divinidad cósmica
frasco de tiempo.

Orden perfecto
inalcanzable mundo
sin desenlace.

# MENCIÓN DE HONOR

## Julieta Loaiza Montes
Colombia

LIBERTAD

Leyes del mundo
garantizan tu vida
actos te matan.

Idealizada
vives en la conciencia
del que te sueña.

Banderas iza
quien te proclama ufano.
¡Vana victoria!

Emblemas, artes
personifican tu luz
y tu silencio.

Rejas te oprimen
cadenas te esclavizan
vendas te ciegan.

Turbias mordazas
secundan viles redes
de los abyectos.

¡Ácrata! gritan.
¡Utópica! te llaman
los que te niegan.

Dilema social:
tenerte, no tenerte.
¡Pájaro esquivo!

# MENCIÓN DE HONOR

## Lucía Cruz
Puerto Rico

### GRIS

Gratas lloviznas
rodando en ventanas
congelan vidas.

Ríos de niebla
danzando desbocados
pintan la brisa.

Inverosímil
paisaje angustioso
en la colina.

Sobre mi lienzo
pinceladas gastadas
forman neblina.

# MENCIÓN DE HONOR

## Margarita Iguina Bravo
Puerto Rico

<u>PISADAS</u>

Pasos impresos
yo quiero desandarlos
las huellas borrar.

Intento formar
otro camino alterno
volver a empezar.

Soplar los trazos
de nefastos recuerdos
que anhelo olvidar.

Al viento pido
que con su gran potencia
me ayude a limpiar.

Deseo ansiosa
plasmar otra vereda
que me haga soñar.

A caminar voy
para imprimir con fuerza
mi sueño ideal.

Sin temor grabo
con noveles pisadas
la ruta final.

# MENCIÓN DE HONOR

## Álvaro Ortegón
Colombia

### MAR

Miras las islas
como ninfas que besas
en azul sueño.

Amor undívago
espuma e infinitud
del horizonte.

Renace el viento
en tus olas inquietas
de barcarolas.

# MENCIÓN DE HONOR

## Franyer Brito
Venezuela

<u>LUZ</u>

Las calles ayer
sonreían de gozo
al contemplar el

umbral de tu voz
junto a los faroles
blancos de noche.

Zumbidos oigo
mientras camino en las
veredas claras.

# SIGLEMAS 575 DESTACADOS

# Laura Escobar
Venezuela

## CAMINO

Colosal viento:
guíame entusiasta
a mi destino.

Arrúllame hoy
con dulce melodía
a través del mar.

Magna tormenta
se avecina y ves
las grises nubes.

Inclemente es
todo caos norteño
visto en mi sur.

No temeré, ya
las velas fijas están
voy a avanzar.

Osada será
la marea que lleve
lejos mi barca.

# José Luis Vázquez
México

## LUNA

Lluvia de plata
que cae sobre el campo
cada que sales.

Una mirada
tierna siempre regalas
noche a noche.

Nunca estás triste
pues, aún incompleta
siempre sonríes.

Ahora vas
a recorrer el mundo
mientras te miro.

# Carmen Chinea Rodríguez
España

SU VOZ

Subido al atril
ahí, inalcanzable
juega a ser él.

Único, bello
susurra inexperto
finge esperar.


Voz de la luna
lanzada a mi alma
ensangrentada.

Oscura señal
dispuesto a atacar
agazapado.

Zeus terrible
dios indiferente
caigo rendida...

# Doris Irizarry Cruz
Puerto Rico

EL PAÍS QUE HABITO

Es bajo tu piel
donde escribo mi historia
en tu comarca.

Lúdico encuentro
de mi cuerpo y su troquel
tierra y semilla.


Patria de besos
suelo de mis auroras
y mis ocasos.

Amotinados
mis sueños aletean
surcan tu boca.

Íntimo el viaje
que transito en sigilo
por tus fronteras.

Susurro en vuelo
me adueño de tus cimas
y acantilados.


Quantum súbito
de mar y firmamento
entreverados.

Unicornio azul
fábula de mis sueños
y mi utopía.

Enajenada
de tu mantra de abrazos
soy residente.


Huella indeleble
de mi talle en tu arena
amarullado.

Alquimia en juego y
andanza de suspiros
incandescentes.

Bajo las olas
galopo el horizonte
de tu desnudez.

Intrínseca paz
en el bies de tu espalda
atrincherada.

Toque de queda
de cuento sorprendente y
final abierto.

Ola hecha espuma
me vuelco en tu regazo
país que habito.

# María Antonieta Elvira-Valdés
Venezuela

EXILIO

Expatriada por
exigencia de vida
ineludible.

Xenófobos van
deambulando, prestos
a denunciarte.

Intenso frío
hiela tus pasos, mientras
arde la patria.

Las manos duelen
se fueron los abrazos
y se quedaron.

Inseguridad
hambre, dolor, abusos
te acorralan.

Optas por volar
o retener, decides
morir o vivir.

# Domingo Hernández Varona
Estados Unidos

PUEDO

Puedo llenarte
con este gran milagro
de mi solsticio.

Ungirte toda
con el verano eterno
que anda en mis lluvias.

Eternamente
cabalgar tu sonrisa
verterme en tu huella.

Danzante giro
vértigo en tus cabellos
quiero adentrarme.

Oculto, por la
enramada sutil
puedo apresarte.

# Idis Parra Batista
Cuba

## MUJER

Manantial libre
que corre entre las piedras
incomprensivas.

Ungiendo todo
lo que a su paso encuentre
con la frescura

jovial del agua
que arrastra los guijarros
y se los lleva.

Enarbolando
la fuerza que le anima
a desmentir

razón en mano
que solo el río puede
abrirse al mar.

# Eduardo Horacio Gury
Argentina

## PRIMAVERA

Pasan hablando
la Aurora y el Paisaje.
Todo verdece.

Rosa querida
que alegras mi vergel
abre el pimpollo.

Invita el cielo
donde viaja una nube
a ser fecundos.

Mira qué bella
se torna la campiña
de primavera.

Arriba el sol
esparce sus prolíficos
rayos dorados.

Vamos, mi Rosa
que es tiempo de que libe
la abeja el néctar.

El panal, luego
rebosará de miel
sabrosa y parda.

Rojos de savia
confortadora y viva
serán tus pétalos.

Abre el capullo
Rosa de mi jardín.
¡Haz el milagro!

# Eduardo Horacio Gury
Argentina

## FANTASÍA

Fragua del verso
genial y venturoso...
¡Oh, Fantasía!

Acude a darle
ensueños a mi lápiz
que por ti escribe.

No te me niegues.
Ven a hacerme fecundo
en ilusiones.

Tengo que urdir
el poema sublime...
¡Dame tu auxilio!

Abre mi mente
a la emoción perfecta
al gran milagro.

Sí, ven ahora.
Derrama en mi cerebro
gotas de magia.

Infunde en mi alma
tu luz para que labre
rima y cadencia.

Así seré
feliz por dar al mundo
versos de cielo.

# Camila Valle
Ecuador

POE

Perenne noche
escritos sollozantes
lúgubre sentir.

Oscila tu alma
entre ese cuervo de hiel
y tu realidad.

Espectro lunar
tu alma yace marchita
en prosa viva.

# Gregorio Oscar Peña
Venezuela

<u>FUEGO</u>

Falda de llamas
envuelven tu aureola
también tu cuerpo.

Un manto ígneo
dejas en tu estela
en tus amantes.

Eres de fuego
y quemas al que tocas
cuando lo sientes.

Gozas candela
en tu baile ardiente.
Pirotécnica.

Ofrendándote
a quien diste tu amor
jamás te olvida.

# Gregorio Oscar Peña
Venezuela

SEXO

Sicalíptico
el espacio contigo
en su momento.

Espectacular
cada lecho revuelto
siempre al final.

Xerográfica
copia mi piel a tu piel
de puras ganas.

Omnipresente
devora tu desnudez
mi fantasía.

# Silvia Alicia Balbuena
Argentina

## ETERNIDAD

En tu mejilla
de helado diamante
cuajo mi llanto.

Todas mis nadas
desfallecen exhaustas
en tus silencios.

Estrella fugaz
brillaste en mi cielo
potente amor.

Reverberación
de llanto y quimera
fragua mi dolor.

Noche sin trinos.
Ensordecen los gritos
de alas mustias.

Imperturbable
infinita ausencia
trota mi cielo.

Dolor de mayo
que te quitó la vida
desafiándome.

Alma latidos
templos de tu ausencia
bullen errantes.

Delirios grises
palpando en las sombras
tus haces de luz.

# Julieta Loaiza Montes
## Colombia

<u>MUJER</u>

Melodía de Dios
para la humanidad
canto del cosmos.

Unisonancia
sinfonía de la vida
euritmia total.

Juego de luces
y sombras. Arte, lienzo
creación perfecta.

Efigie vital
del humano género
por ti la vida.

Rocío matinal
inquebrantable roca
ternura, fuerza.

# Pedro Miguel Castro Ramírez
Perú

SIGLEMA

Solo tres versos
cinco siete y cinco
y está hecho.

Ingenio fácil
si dices y sostienes
gusto y ganas.

Gracias Patricia
por dejarme concursar
por ser y estar.

Lo que espero
yo, de este siglema
es que te guste.

En Dios confío
antes de remitirlo
al gran jurado.

Mas, me da pena
que no cumpla con la ley
y lo condenen.

Aunque te digo
que solo por concursar
ya los bendigo.

# SIGLEMAS 575
SELECCIONADOS

# Margarita Iguina Bravo
Puerto Rico

SUSURROS DEL MAR

¿Serán un sueño
esas notas que escuchas?
Son tan reales.

Unos sonidos
que por ser conocidos
te despertaron.

Sientes ahora
ese olor a salitre
unido al ritmo.

Unas lágrimas
derramas lentamente
al escucharlo.

Recuerdas triste
cuando sin planearlo
lo abandonaste.

Rememoras hoy
las dulces melodías
que te brindaba.

Ondas marinas
cánticos de sirena
murmullos tenues.

Salías lenta
a sentir el beso azul
de la tibia ola.

Desnuda andabas
perseguida con brío
por los marullos.

El viento reía
al abrazar tu cuerpo
sobre la arena.

Las caracolas
en tu nombre entonaban
un dulce arpegio.


Memorias dulces
hoy tan solo recuerdas
de tiempos idos.

Abres la puerta
solo escuchas los ruidos
del vecindario.

Rápido sales
y sin temor retornas
al mar amado.

## María Antonieta Elvira-Valdés
Venezuela

PRESOS

Paredes rotas
muertos vivientes bullen
entre las sombras.

Rejas chocantes
desdibujan al hombre
excluyéndolo.

El tiempo se va
entre jueces, dinero
y abogados.

Salteadores
asesinos, malvados
o inocentes.

Olvidados en
miseria, condenados
y hacinados.

Sofocados e
impacientes, en busca
de la libertad.

# Natashari Nazario
Estados Unidos

<u>TEMA</u>

Thomas tu nombre
un hombre de honor y paz
que es un cura.

Esperanza es
la mujer de su vida
lo cual él ama.

Matrimonio a
Dios que sostiene tu fe
no te libera.

Abrirte mi
corazón es delito
si no renuncias.

# Lucía Cruz
Puerto Rico

## OLA

Ondulante mar
riega calma salada
en piel ansiosa.

Lava mis sueños
de noche estrellada
en tus orillas.

Ardientes sales
van renovando cosmos
de horizontes.

# Lucía Cruz
Puerto Rico

## TUL

Todo lo creo
cuando tus ojos miran
y me encuentro.

Uso quimeras
con pedazos de soles
tejidos al mar.

Lazos de aire
en mi falda alada
despegan de mí.

# Jessica Rodríguez
Venezuela

RUIDO

Resonando en
voces muy silenciosas
como susurros.

Un compañero
de mis pensamientos que
nunca se callan.

Incorpóreo
juez de cada pecado
no confesado.

Dónde podré yo
escapar de ti cuando
siempre me hablas.

Oigo tus voces
dentro de mi mente y
sé que no saldrás.

# Néstor Quadri
Argentina

## POLUCIÓN

Por indolentes
corre riesgo el futuro
de nuestro mundo.

Oculta el humo
un ocaso con cielo
enrojecido.

La flor y el árbol
bajo el sol apagado
se ven muy tristes.

Un sol con niebla
no cuenta con aurora
que lo despierte.

Con polución
vivir en el planeta
es deprimente.

Impuro el aire
durante día y noche
ya nos envuelve.

Olvidó el hombre
que el daño del ambiente
nos extermina.

No permitamos
que esos gases dañinos
sigan matando.

# Cynthia Montalvo Martínez
Puerto Rico

MATRIZ

Más que ojiva
con gran furia unida
a mis entrañas.

Aljibe tierno
donde palpita tregua
otro latido.

Tribal de savias:
un beso de semillas
en tierra roja.

Río que desborda:
la noche que enhebra
piel que alumbra.

Isla mecida
donde todo nos cambia:
fuego sin nombre.

Zozobra densa
que con dulzura pesa:
amor ofrece.

# Harold Pestano
Venezuela

## TEPPA

Teppa mi profe
él es matemático
e ingeniero.

En sus clases hay
montones de problemas
que miedo me dan.

Pero con Teppa
todo más fácil se ve
mejor me siento.

Pues él explica
como nadie más puede
solo él sabe

a quién ayudar
sus dudas eliminar
y mate pasar.

## María Grissel Canche Albornoz
México

NOCHE CRISTALINA

Nube ligera
teñida entre blancura
alumbra mi faz.

Ofrenda diaria
de largos caminares
acércate a mí.

Conmuévete hoy
porque mi luz se apaga
y me somete.

Hermosa luna
en reflejo de plata
dame claridad.

Estoy muy triste
buscando compañía
dentro tu fulgor.


Cada recuerdo
es una nueva herida
que me deprime.

Resplandéceme
comparte tu destello
en mi persona.

Ilumíname
sólo tú le das vida
a la oscuridad.

Solamente tú
eres la fiel testigo
de mi pasado.

Toma mis traumas
espárcelos en tu luz
difumínalos.

Así te siento
y puedo dormir en paz
bajo tus brazos.

Lenta y discreta
me voy acomodando
sin mis pesares.

Imaginando
cómo me has liberado
humildemente.

Nada se escucha
el estrépito calla
tomo la almohada.

Amanece ya
un reflejo en mi cara
me hace feliz.

# Erleen Marshall Luigi
Puerto Rico

## AQUEL INSTANTE

Ansío volver
a la mañana tibia
cuando llamaste.

Quisiera decir
lo que mi boca calló
sin saber por qué.

Una congoja
agria en las entrañas
se hace lastre.

Es mi silencio
al que siempre acuso
en cada timbrar.

Lamentos vanos
alimentan mi penar.
¡No escucharás!


Imploro soñar
que en versos te declamo
esto que callé.

Nobles palabras
merecías deleitar.
¿Ajé tu candor?

Siento perderme
al mirar lo vivido
sin tu presencia.

Tánatos zanjó
el arrepentimiento y
la esperanza.

Aquel instante
atado en mutismo:
desvanecido.

Navego triste
entre auriculares
desconectados.

Tiempo, rastreas
golpeando distancias
entre ausencias.

Ecos pulsados
en palabras elevo:
Padre, te amo.

# Natalia Marín Navarro
España

## QUERER

Querido infierno
único amigo eterno
fuego en invierno.

Unión de enfermos
odio sincero y fuego
frío y helado.

Entra en silencio
provocando a su paso
grandes estruendos.

Ronca la muerte
en su triste aposento.
Va a despertar.

Encuentra al miedo
sentado en su regazo.
Ambos extrañan.

Regalo de ayer
el infierno y la muerte.
Odiado infierno.

# Alba Torres
Venezuela

## DOLOR

Daga que hieres
donde sobran angustias
y faltan risas.

Omnipresente
errado, aplastante
exagerado.

La agonía
que generas, oprime
el ser entero.

Onda macabra
tú derrochas pasiones
y tempestades.

Rumiante dolor
solo engendras caos
y sufrimiento.

# Evelyn Santos Pizarro
Puerto Rico

<u>REGALO</u>

Ríe por todo
que la vida es corta
es un regalo.

El tiempo pasa
sin pensar en futuro
es como un ave.

Grande presente
que debemos conservar
eso es la vida.

Así se puede
hay que vivir con ganas
de eso se trata.

Lee, canta, baila
recuerda sonreír
vivir es así.

¡Oh, qué bella es!
no lo olvides jamás
la debes amar.

# Idis Parra Batista
Cuba

## AMA

Árbol de versos
libres, que en su follaje
marcan el ritmo.

Multicolor
de la imagen que anida
entre sus ramas.

Ardientes fieras
por donde fluye mansa
la luz del alma.

# Carmen M. Silva Báez
Puerto Rico

## OLVIDO

Otra vez pienso
el recuerdo latente
se aproxima.

Luego despierto
cruzando tus espinas
en el vacío.

Vuelvo y sigo
niego a que te quedes
en mis recuerdos.

Invádeme tú
entierra mi silencio
solo olvida.

Devuelve todo
tus besos y caricias
memoran mi piel.

Ocaso vuelve
entra a mis angustias
o solo calla.

# Arisdai Gómez
Venezuela

## LUZ

La gran aurora
de los amaneceres
resplandecientes.

Une los sueños
con las realidades
mágicamente.

Zigzags se marcan
con luz en las montañas
y nos brindan paz.

# Rubén D. Portilla Barrera
## Colombia

AMOR

Ámame así
tierno y dulce amor
loca de pasión.

Más, yo sé que traes
miel pura en tus labios
eso me atrae.

¡Oh, qué delicia
son tus suaves caricias!
Me hipnotizas.

Reciprocidad
y si reina la verdad
¡qué felicidad!

# Ángel Isián
Puerto Rico

EIDOLON

Espejo y sombra
emergiendo frente a mí
como un celaje.

Ilusa imagen
reflejo de la quietud
de noches muertas.

Demonio y ángel
habitando en conjunto
mis noches grises.

Otros yo ocultos
germinando en las muertes
de entes vacantes.

Lumbre deshecha
en memorias perdidas
de vías astrales.

Ofuscas la paz
de los que aún caminan
la senda al Hades.

Nombra el silencio
los vivos ven tu espectro
cuando los miras.

# Laura Escobar
Venezuela

## DÍAS

Distante sueño
que convoca la luz de
un nuevo día.

Ilustra en las
criaturas vivas todos
los colores hoy.

Acércate a
pintar suavemente con
óleos pastel.

Sol refulgente:
clama tu trono en el
plácido cielo.

# Laura Escobar
Venezuela

## SONRISA

Solitaria luz
que resplandece en su
dulce mirada.

Ojos verdosos
que cambian por delirio
su bello color.

Nosotros vamos
hablando, caminando
entre penumbras.

Risas del sueño
atrapan mi corazón
en una vil red.

Iridiscente
su candor ilumina
este sendero.

Sonríe, amor
no te prometo caer
por tus encantos.

Andante callo
hipnotizada por su
melodiosa voz.

# Camila Valle
## Ecuador

NERUDA

Noches de encanto
tu soneto late en mí
poeta amante.

Escucho tu voz
en el silencio umbral
alba y soledad.

Rocío de miel
letras enamoradas
verso y papel.

Ufano ser
toca prosa con alma
papiros de miel.

Detén el tiempo
entre tu musa, mi ser
y cada sueño.

Artista fiel
manos de un artista
aún viva poesía.

# Isabel Patricia Vázquez
Puerto Rico

## MI TROVADOR

Mantengo aún viva
mi esperanza sobre ti
intacta pues sí.

Incólume soy
y muy sigilosa es
esta frágil fe.

Tocayo de aquel
igual que mi Cacique
te desvaneces.

Revoloteando
te elevas cual ventisca
sutilmente allá.

¡Oh! Linda suerte
que me ha tocado en vida
llamarte Titi.

Venciendo con fe
la inminente derrota
contra prognosis.

Adelantando
sin prisa ni descanso
la suerte echada.

Dificultando
al veterano doctor
la adivinanza.

Oncólogo fiel
aunque de poca vida
nos lleva en vilo.

Rogándole al Dios
que te preste la salud
si así quisiere.

# Isabel Patricia Vázquez
Puerto Rico

LA SUERTE FELINA

Lánguida es esa
criatura salvaje y fiel
que espera por mí.

A mi paciencia
me le gana la prisa
y el desconsuelo.


Socava mi fe
tal y como no veo
al que me acecha.

Unificando
los pedacitos rotos
estoy por ahí.

Está muy lento
pasando el tiempo de aquí
muy suavecito.

Rodeadas sí están
las mascotas en casa
de amor y bondad.

Tirada está al pie
de la sombra del limón
esperando sí.

Esperándome
paciente y espléndida
la vida ruge.


Fiel y salvaje
cual gran dicotomía
no nota lleva.

Estancia fresca
que le mantiene estable
paciente siempre.

Linda es la vida
que llevan allí y allá
si fuese yo así...

Inequívoca
muy certera la espera
virtud felina.

Negando el tiempo
mirando al horizonte
me llega el día.

Allá me llego
ya regreso prontito
donde mismo estás.

# Kevin Briceño
Venezuela

## TIEMPO

Transcurso de la
existencia y su
gran valor, que es

imposible de
apreciar perdiendo
noción de lo

especial que es
la libertad de poder
decidir de qué

manera lo vas
a utilizar, hasta
que la última

palpitación
termine la serie de
decisiones que

ocurren en las
situaciones que nos
definen hoy.

# Daniel Népomuk
Puerto Rico

## CARTÓN

Castillo mío
tus murallas errantes
cobijan mi ser.

Ante la fría
constelación de Orión
eres mi lumbre.

Rugen tus pieles
al roce tosco de mi
rostro café.

Tus recovecos
de versos políglotas
quiebran mis costas.

Obra excelsa
sobre el pavimento
somos un punto.

Noble escudero
permaneces fiel en la
densa oscuridad...

# Melissa Díaz
Estados Unidos

## ESCONDITE

Están llorando
los árboles por verte
y darte sombra.

Se ha fugado
tu voz y toda risa
tiembla mi tinta.

Cubierto rostro
de pena y espanto
huyó sin verbo.

Orar y dormir
para no extrañar más
y te disuelves.

Nómada siempre
de tu olor y sombra
para ser libre.

Distraes toda
rutina que persiga
si te encuentro.

Indicio vivo
de un idilio muerto
que no sepulto.

Toco la puerta
del escondite frío
que nos divide.

Escribo versos
en aquel cobertizo
del abandono.

# Melissa Díaz
Estados Unidos

## VENEZUELA

Vencida jamás
en brazos miserables
de la escoria.

Engaño voraz
de boca que gobierna
y te destruye.

¡Nunca te rindas!
¡El hambre de tus hijos
que te despierte!

En las tinieblas
de ignorancia mueren
los que no luchan.

¡Zanja camino!
Pueblo valiente, firme
¡levanta tu voz!

Un brillo grande
de la fe esparcida
te sigue siempre.

Encubierta no
tampoco subyugada
¡pero sí libre!

Lucha por ellos
¡eres voz de libertad
para tus niños!

Aguantar hambre
¡futura rutina no!
si te defiendes.

# Génesis Matheus
Venezuela

## CAFÉ

Cada mañana
reposo mis labios en
tu sabor agrio.

Aún te sigo
grano a grano entre
las tazas diarias.

Fue esa noche
mi tortura tenerte
lejos de mi ser.

Extraño hablar
silenciosamente en
el mueble, solos.

# Wilmary Ortega Morales
Puerto Rico

EXILIO

Efímeras son
las horas lejos de mí
bella familia.

Xerografías
de recuerdos inundan
mis pensamientos.

Incrédula fui
exiliada he sido
de donde nací.

Lejos del hogar
trabajé por mis sueños
sin su apoyo.

Incompleta, sí...
destruida no me verán
sigo luchando.

Opté por crecer
y desterrada quedé
de mis raíces.

# Wilmary Ortega Morales
Puerto Rico

VALORES

Vivir sin leyes
en esta frágil vida
caos sería.

Ama con fuerza
que el dolor no duela
en el corazón.

La tolerancia
practica a diario
conscientemente.

Ostenta bondad
perdona y sé feliz
todos los días.

Respeto y paz
la meta debes cumplir
en la sociedad.

Eres paciente
empático al vivir
agradecido.

Solidaridad
trabajando unidos
te valoras más.

# Silvia Alicia Balbuena
## Argentina

BESOS

Baila mi alma
en las aspas salvajes
de remolinos.

Encienden labios
de púrpura y mieles.
Fuego y ardor.

Silban caricias
recorriendo mis montes
huecos y valles.

Orgasmo sutil
el frenesí de bocas
acercándose.

Sabor y dolor
cuando el beso llega
incendiándonos.

# Silvia Alicia Balbuena
Argentina

## PECADO

Protagonista
deliciosa manzana
se me insinúa.

Enciende fugaz
ardorosas de fraguas
locas ansias.

Candente cáliz
soy labriega de deseos
acariciantes.

A mis eriales
tus manos incineran
en un instante.

Destellos rojos
encienden nuestro cielo
y claudicamos.

Obnubilada
cabeza de serpiente
quema su fuego.

# Eduardo Andrade
Venezuela

MÚSICA

Magistralmente
la melodía va con
los sentimientos.

Único es el
compás que conmueve a
los intérpretes.

Sientes que puedes
llenar cada vacío
al interpretar.

Inigualable
es la vida del que se
dedica a ella.

Compromiso y
pasión expresados
en arte puro.

A veces morir
no importa solo si
la tienes allí.

# José Carlos López Otero
Puerto Rico

## CADENAS

Ceden las fuerzas
ante tanta opresión
ya nadie lucha.

Andan cansados
arrastrando condenas
de su pasado.

Danzan sin ritmo
ignorando las llamas
todos se queman.

En su desgracia
los optimistas dicen:
"no pasa nada".

Nada nos queda
se lo llevaron todo...
menos el alma.

Ahora vivan
recuerden su pasado
nunca regresen.

Siempre la llave
estuvo en tu mano
anda, sé libre.

# Araceli Blanco Rubio
México

## AMIGA

Ayuda siempre
de día y de noche
incondicional.

Mundos opuestos
unidos por cariño
bello regalo.

Ideales nuevos
me impulsas a conquistar
para ser feliz.

Gracias por ser tú
me infundes ánimo
en la tristeza.

Abedul útil
que curas desde dentro
así eres tú.

# Araceli Blanco Rubio
México

<u>FE</u>

Fuente divina
donde brota la fuerza
que calma mi ser.

Enciende tu luz
que ilumina todo
y me da la paz.

# Michelle E. Cubero Abolafia
Puerto Rico

LLUVIA

Lágrimas bajan
el cielo se desploma
melancólico.

Llorosa te ves
manchada de mil grises
gotas de abril.

Única eres
tu semblante distingo
encima estás.

Venida eres
en mares vegetales
y animales.

Incansables son
las gotas de octubre
hojas de color.

Arcoíris ves
al yo desaparecer
pronto volveré.

# Michelle E. Cubero Abolafia
Puerto Rico

TIERRA

Tengo riqueza
que corre por mis venas
caliginosa.

Incansable yo
día y noche logro
fertilizarme.

Eres pureza
Madre Naturaleza
la verdadera.

Raíces crecen
y plantas aparecen
de color verde.

Ríos y lagos
abrazan mis labios
afectuosos.

Agua tomo
en días lluviosos
¡ah! cómo gozo.

## José San Martín
Venezuela

CAUTÍN

Calor y calor
generas al conectar
tu cable al poder.

Aumentas tú la
resistencia, por joule
calor expones.

Unido a mí
soldamos las piezas con
la aleación.

Tienes las puntas
que para los trabajos
se necesitan.

Imagina tú
reparar aparatos
de nuevo usar.

Ningún técnico
se abstiene de ti por
conductor unir.

# Juan Fran Núñez Parreño
### España

## AGUA

Ahora, siempre
manantial de la vida
madre del mundo.

Gracias a ella
frescos cuerpo y alma
y sed calmada.

Usada por ti
por mí, por él, por todos
fluye la vida.

Agua habita
en lágrimas y besos
también en sangre.

# Juan Fran Núñez Parreño
España

## GUERRA

General firme
ordena desde lejos:
¡matad y morid!

Unos soldados
sembrando sus semillas
muerte y tierra.

El hijo muerto
en ataúd abierto
la madre llora.

Rota la tela
sobre el charco rojo
bandera, sangre.

Rifles les miran
sus dos lechos finales
dos hombres cavan.

Alto el fuego
en paz vivos y muertos
¿por cuánto tiempo?

# Mario José Artcadia Panet
Puerto Rico

<u>IANY</u>

Inigualable
estado de hipnosis
mirada fija.

Abarcadora
dueña de mis pensares
y mis deseos.

Negación del plan
antiguo de mi vida
sin compañía.

Ya convencido
belleza infinita
mi nueva vida.

# Vladimir Alvarado
Venezuela

## SOL

Sales de día
y mueres cada noche
para revivir.

O te vas lejos
a recorrer el cielo
mientras dormimos.

Los amantes de
tu calor, listos para
tu gran renacer.

# Guillermo Echevarría
Cuba

<u>MUNDO</u>

Mucho sobre ti
salí a escrutar rosas
mis manos tiemblan.

Un poco de amor
fragancias a tus hijos
¡un mundo mejor!

No digas pronto
para dar alegrías
tictacs apuran.

Dime, mi tierra
no esperes a mañana
hoy almas gimen.

Oh; mundo amigo
los camposantos sufren
¡los hombres claman!

# Guillermo Echevarría
Cuba

## FANTASÍAS

Fanático voy
rastreando los caminos
tras tus vestigios.

Ando; pasajes
grisáceos en los sueños
más esenciales.

No me extinguiré
hasta no calmar la sed
de mi garganta.

Todas las horas
dilatan ganas y hambres
¡que cuentan en ti!

Abismos vienen
mis retinas sollozan
el alma quiebra.

Saboreo miles
de espejos desgajados
sin clara efigie.

Íntimo es este
sueño, ¡mal el disgusto!
y aún te inquiero.

Ayer percibí
y brotaron lágrimas
los ojos duché.

Soledad viví
añoranzas y deseos
fantasías vi.

# Julián Rodríguez
Puerto Rico

## ELLA

Estupefacto
quedé con su sonrisa
resplandeciente.

Lacio cabello
que recaía en sus
hombros lascivos.

Labios de dulce
pasión; placentero el
sentir del beso.

Anhelo vivo
de su belleza, me vi
enamorado.

# **Selene López**
Venezuela

TIEMPO

Tus ojos café
que reflejan la luna
ya se cerraron.

¡Irremediable!
Nos faltó tiempo para
odiar y amar.

Envueltos en paz
juntos en peripecias
más escabrosas.

Más crepúsculos
más cielos infinitos
más golosinas.

Placer en mirar
el más perfecto caos:
nosotros juntos.

¡Ocurrente es
la mortalidad que nos
hará eternos!

# Ariel A. Santiago Bermúdez
Puerto Rico

HIJO DE LA SANGRE

Hoy no dormimos
multiplicamos hielos
para este paso.

Incita besos
en las calles oscuras
de algún cometa.

Juntos los cuerpos
húmedos y salvajes
con la fiereza.

Oliendo frutas
leche y miel sobre nubes
de un solo golpe.


De contrabando
saciar los surcos nuevos
de tu cintura.

En el follaje
comer de todo fruto
desde tu vientre.


Las rocas tendrán
oídos y ojos secos
para sentirte.

Ámame, si amas
con los dientes dispuestos
para comernos.


Si en el silencio
escuchas un suspiro
pido, no temas.

Así de breve es
el relámpago oculto
que nos perdona.

Noche de truenos
de estrellas perseguidas
casi desnudas.

Gritos que callan
y se convierten todos
en poesía.

Rota es la sangre
como tu cuerpo helado
ante el caliente.

Espero amarte
más allá del segundo
si es con tu sangre.

# Ariel A. Santiago Bermúdez
Puerto Rico

## RUMBA DE BARLOVENTO

Ruge tormenta
de viento anaranjado
en el Caribe.

Uniendo estrofas
en los alrededores
del mar sin frente.

Mundos apartes
son islas antillanas
jugando solas.

Bailando al fuego
de las propias caderas
con llama ardiente.

Atrás se quedan
los sonidos de acero
música aparte.


Delante vamos
acariciando olas
de hombres desnudos.

En el cansancio
brotan los pechos negros
erectos, mudos.


Barlovento soy
de un vientre renegado
casi poeta.

Antepasado
artículo volátil
que nos alumbra.

Rito elocuente
de un horizonte oscuro
de miel en selva.

Loco es el beso
sobre una espalda húmeda
que sabe a sangre.

Otros bailando
ritmos de carabelas
sudan el vientre.

Vientos llamados
en sol de caramelos
entre los dioses.

En Barlovento
brama el mar embestido
de sangre negra.

No es mujer roja
sino mujer despierta
de útero nuevo.

Todos bailamos.
Es África que canta
sobre la arena.

Olas que vienen...
El mar es una rumba
de Barlovento.

# Ariel A. Santiago Bermúdez
Puerto Rico

## PONENCIA DEL AMOR DESFIGURADO

Pronto llegará
aviso solitario
hasta la luna.

Oigo el mensaje
de las viejas cigarras
entre las tardes.

Noticia rota
en la densa neblina
que no regresa.

Esta negrura
de los vientos silentes
casi nos quema.

Ni te conozco
ni soy cada bandera
entre tus manos.

Conozco el tiempo
casilla donde toco
ese fantasma.

Invisible va
por las selvas salvajes
tocando fondo.

Adoro el puente
que siempre nos separa
luego nos une.

Dios no camina.
Nos observa de lejos
y da la vuelta.

Espera, espera
que oxígeno nos falta
para salvarnos.

Lloro la mueca
de las tardes ausentes
que ya nos miran.


Amo noticias
que vienen caminando
hasta nosotros.

Mientras tenemos
tiempo para escaparnos
a otro planeta.

Oye el silbido
un tren urbano pasa
por la avenida.

Ríe la luna
el lobo no la mira
se ha puesto viejo.


Detrás de sombras
guarda un secreto oscuro
que nadie sabe.

Es un sábado
de película antigua.
El tiempo pasa.

Siente el silencio
sobre tu cuerpo mudo
y enamorado.

Fuimos y somos
en el loco camino
piedras unidas.

Iremos como
ráfagas encendidas
tocando fuego.

Ganando frisas
para el frío constante
que nos devora.

Unidos vamos
en una sola casa
dos parásitos.

Rodamos siempre
hacia la misma nieve
que nos espera.

Antes y después
ese eterno diluvio
nos encontrará.

Dios tiene fecha
de toda catástrofe.
Amor es una.

O sea, tú y yo
seremos ese amor
desfigurado.

# Ricardo Marquina
Venezuela

INCERTIDUMBRE

Incriminando
una duda me mira
y yo huyendo.

No hay razones
para escapar de ti
cual mal cobarde.

Cierto es que vos
un gran temor inspiras
a todo quien.

Es realidad
el desconocimiento
de vuestro disfraz.

Rápidos cambios
llegan contigo siempre...
nunca nos mientes.

Trayendo temor
por tu inseguridad
o no, ¿quién sabe?

Imagino que
a lo "otro" estamos
acostumbrados.

Donde ya pasó
una parte que usted
da a conocer.

Umbral de temor
nos presentas ahora
sin poder saber.

Más del futuro
que vamos a escoger
a nuestra fe.

Bueno, sea que
para bien o para mal
usted indique.

Recibiremos
con alegría y luz
tu gran llegada.

En donde al ver
al nuevo andar que ya
destinado está.

# Álvaro Ortegón
Colombia

SIGLEMA

Serenidad
que dejaste tu huella
en mi aposento.

Inicias luz
donde cae la noche
en mi ventana.

Grandeza en ti
de brevedad el verso
que abre sus puertas.

Luna silente
que tañes bella lírica
en tu aureola.

Es en la niebla
que llevas la hojarasca
de árbol dormido.

Mar de amor tuyo
que ondeaba en el cielo
espumeante.

Adiós que vive
como el albor eterno
de remembranza.

# Álvaro Ortegón
## Colombia

SOL

Sin ti morimos
en soledad, y noches
sin voz, ni luna.

Olas de flamas
iluminando el cielo
que llora júbilo.

Lento susurro
que duerme en las montañas
bajo el silencio.

# Lizzie R. Nevarez De Jesús
Puerto Rico

LESBIANA

La luz es tu paz
siempre compartirás pan
eres la mejor.

En ti hay amor
por el claro recuerdo
de tu emoción.

Sabia única
añorando justicia
para declarar.

Bondad ves surgir
certeramente cierta
ves el futuro.

Imagen cuerda
solo en tu retrato
miras un porqué.

A ver cuál será
la próxima escena
reveladora.

Nacida vuelas
estamos sin prejuicios
oyes tu nación.

Andas por todos
y siempre solidaria
eres ejemplo.

# Pedro Yajure Mejía
Venezuela

## TARDE

Tráeme eclipses
a ese recinto carnal
no tardes mucho.

Aloja vientos
en beso deseado
yo tengo antojos.

Recuerda amor
traer espejos nuevos
y noches mansas.

Debemos ir
al cuarto del amor
sin telas frías.

Entonces vamos
la tarde nos espera
llena de ganas.

# Luis Zhumi Lazo
## Ecuador

AMOR

Ala de ensueño
en la sombra de un beso
diluido en luz.

Miel de palabras
rompiendo los oídos
del mismo encierro.

¡Oh magia eterna
en los dedos del alma
de los amantes!

Raudal de sueños
matizando a Cupido
en tu saeta.

# Luis Zhumi Lazo
## Ecuador

MI HIJA

Me gusta ver
la sonrisa dulzona
de mi retoño.

Imagen bella
del amor hecho vida
en la quimera.

Hoy te aprisiono
en el nido de mi alma
con loco amor.

Intensamente
tu mirada me embruja
a cada instante.

Juntos al viento
vienen tus gimoteos
cual canto eterno.

Amor de siglos
hija de mi existencia
luz de mi vida.

# Madeline Santos Zapata
Puerto Rico

## MADERA

Manos sangrientas
sudan atadas a ti
reman sin cesar.

Arden contigo
siglos de piel y huesos
ominosa fe.

Dominio atroz
cadalso, yugo y cruz
jaula y fusil.

Estancia vieja
cruje la escalera
toco tu puerta.

Reclamas tiempo
añejas la vendimia
fino paladar.

Ante la muerte
cobijas mis entrañas
en el sepulcro.

# Madeline Santos Zapata
Puerto Rico

## TURANDOT

Tiemblan las horas
cantaré tu historia
ardiente en mí.

Ungidos sueños
no se rinde mi pasión
en tus desvelos.

Ruegan tus ojos
ternura de mis manos
rocen tus labios.

Arde tu nombre
oculto en mis ojos
proclaman verdad.

No duermas aún
alevoso destino
olfatea sombras.

Desnudar quiero
tu silencio y tesón
sentir tu frío.

Oráculo cruel
postergo mi destino
grito su nombre.

Triunfa el amor
oleada de vítores
beso tu vida.

# Mariela Cordero
Venezuela

AMANTE

Amas su cuerpo
que es como la llama
en lo oscuro.

Muerdes el ardor
de su piel luminosa
y perfumada.

Amas el tiempo
que pasa con divina
voluptuosidad.

Naces gozoso
en el dulce silencio
de las caricias.

Tomas la noche
como tu escenario
fiel y cómplice.

Eres un latir
que galopa urgente
hacia la gloria.

# Mariela Cordero
Venezuela

## DESEO

Días amados
presienten estos cuerpos
que se acercan.

El ardor crece
se agita el pulso
por un ademán.

Sed que no cesa
invade a las bocas
que quieren besar.

El temblor de piel
es síntoma de dicha
inexplorada.

Osan las manos
iniciar el camino
hacia el goce.

# Solimar Ortiz Jusino
Puerto Rico

## CAE

Cuervos llegaron
a mitad de la noche
a comer ojos.

Ahora vienen
vestidos como cuervos
desangrándose.

Entre la luna
se desnuda el alma
a cuervo vivo.

# Elena Aguirre
Estados Unidos

## DISCERNIR

Despejo mi ser
de lo negativo, si
preciso sentir.

Interior sutil
paz mía consumada
poco a poco.

Serenidad y
encanto, alegría
soy luz interna.

Camino al sol
miro mi rostro brillar
simpleza, alma.

Encuentro solo
nobleza gentil en mí
sigo buscando.

Respiro hondo
exhalación suave y
lágrimas brotan.

Neutral siento y
desde adentro fluyo
mi dolor suelto.

Intuyo soy luz
irradiando paz así
camino llevo.

Recorrido un
trayecto vivido y
aprendo, sigo...

# Elena Aguirre
Estados Unidos

## ARTRITIS

"Aquí me duele"
intuyo su mirada
dolor amargo.

Rojos sus nudos
en manos inflamadas
rodillas y pies.

Torso encoge
son setenta y cinco
aquí me duele.

Repetitiva
me habla su mirada
respira lento.

Indomable ser
mujer de temple fuiste
ahora senil.

Te veo frágil
y suplicando como
niña, dependes.

Inmensurable
pides amor, cariño
mucha atención.

Sufrimiento, sí
ves que siento, te veo
Mamá, mi vieja...

## Orquídea Minyete
Venezuela

CATUCA

Cada mañana
te siento entre mis pies
al despertarme.

Amo tus patas
que caminan sobre mí
y de mi novio.

Todos los días
te pongo la comida
te doy de beber.

Uno por uno
saltas todos los muebles
buscando acción.

Cuando me muerdes
jugueteando sin parar
me haces reír.

Así vives tú
como una gatita
muy consentida.

# Nicole Hsiao
Puerto Rico

SILENCIO

Siento la culpa
de una tragedia ajena
muero por dentro.

Impera el miedo
de la reminiscencia
intimidada.

Largas las noches
ante el sarcófago de
labios que callan.

Estupefactos
permanecen sin saber
si es de bien hablar.

Nada se esconde
lo oculto se revela y
la verdad brota.

Cómo omitir la
atrocidad de aquella
noche homicida.

Insomnio eterno
por mi condena interior
enmascarada.

Ocasión muda
el testigo silente y
la fosa occisa.

# Nicole Hsiao
Puerto Rico

## HAMBRE

Hay un niño mustio
que palpa su vientre
adelgazado.

Aborda un viaje
de una sed insaciable
él, sobrevive.

Mamá voló
y Papá sucumbió
mas el dolor, no.

Busca comida
en un mar de codicia
y voracidad.

Ruega a Dios su pan
agua, arepa, avena y
misericordia.

Estigma de hambre
tatuada en su enjuta piel
que pide cena.

# Eduardo Horacio Gury
Argentina

IDEA

Idea Pura.
Sin que te opaque nadie
tu brillo culmen.

Dice mi voz:
"Pues sí: de lo que es Bello
eres la Idea".

Esto Platón
bien pudo anticiparlo
con su doctrina.

Así diría:
"Eres el Arquetipo
de la Hermosura".

# Rubén Guzmán
Venezuela

POÉTICA

Para ti María
mi verdadero lunar
para mí nada.

Oh, en tus ríos
me encuentro altivo
total armonía.

Estoy más solo
que ayer, mi Soledad
estoy más solo.

Tú eres mansa
como agua clarita
fluyes mi vida.

Insaciable
deseo de tu encuentro
hoy más lejano.

Caminando las
horas profanas pisé
por callejones.

Ahora somos
dos cómplices amantes
aun separados.

## Mary Ely Marrero-Pérez
Puerto Rico

### TENGO RABIA BUENA

Tengo tu rostro
calado en esta suerte
de no tenerte.

Eres fastidio
de perpetuar violencias
tan aplaudidas.

Nimia vendetta
la tuya al ser varón
por yo ser hembra.

Gritos, dolor
golpes a mi espíritu...
fuiste miseria.

Olvidar puedo
pero me niego siempre...
¡Recordar debo!


Recordar todo
sin excusar al macho...
¡Y delatarlo!

Avivo todas
mis fuerzas, encendiendo
ganas de vida.

Bálsamo yo
que sin ti me alejo
de ir sufrida.

Ida con fuego
se sabe cuánto quema
el rescatarse.

Arar heridas
de mi ser lastimado...
sobrevivirte.


Batallar sinos
con rabia de la buena:
la que no calla.

Unir las fuerzas
de las rabiosas víctimas
y desatarnos.

Emigrar siempre
de condenas impuestas
juntas, sin miedo.

Negar tu ser
en nuestras existencias...
¡Ser liberadas!

Amar sin ti
bestia de desamores
libre, tan propia.

# José Luis Vázquez
México

BOLERO

Bella armonía
creada en la mente del
compositor.

Obra maestra
que sobre el pentagrama
alegre danza.

Lento es el vals
que la batuta expresa
marcando el paso.

Eran la noche
y todas las estrellas
parte del público.

Roncas guitarras
sirviendo de guía para
las tersas voces.

Oídos abiertos
a aquello que los músicos
quieren cantar.

# José Luis Vázquez
México

## TANTO

Todas las noches
los recibe al entrar
la luz del bar.

Amores viejos
llenan el aire de
nuevos suspiros.

No hay mejor forma
de expresar el amor
que un suave baile.

Tristes recuerdos
sobre amores perdidos
llenan la pista.

Otra canción
para que los amantes
bailen de nuevo.

# Jubitza Izaguirre
Venezuela

RELOJ DE ARENA

Reloj de vida
comienza todo estrés
de lo que vendrá.

Eternamente
se cumple el siglo de
la continuidad.

Los que se paran
se quedan en el lugar
de tiempo sin él.

Obtener vida
es obtener recuerdos
de los momentos.

Joven, tendrás que
calcular bien tu tiempo
porque es oro.


De ti depende
si disfrutar o sufrir
cada instante.

El anhelo de
volver atrás siempre es
una ilusión.

Así que debes
vivir cada momento
que no volverá.

Riqueza no es
el oro por el cual tú
siempre trabajas.

El tiempo será
el único caudal que
valioso será.

Ninguna magia
hará volver hacia atrás
la manecilla.

Al tiempo no le
importará seguir si
te quedas atrás.

# Elizabeth Torres Santiago
Puerto Rico

## SONRISAS

Soy una gaviota
que con pasión vuela alto
en pos de ti.

Ola gigante
que te protege siempre
embravecida.

Nave que hostiga
tu sensual pensamiento
y lo hace mío.

Rey amante y tierno
que ensancha su poder
por ti, mi amada.

Ícono fiable
que lo llevas tatuado
en tu ágil mente.

Sal que sazona
tu ardiente y febril éxtasis
de enamorada.

Agua que sacia
tu apetito sexual
tan angelical.

Solo sonrisas
fantasías que invaden
mi eterno ser.

# Elizabeth Torres Santiago
Puerto Rico

## INSPIRACIÓN

Inundación
de ideas y mensajes
llegan a mí.

Niebla que cae
brillando mi espíritu
y a otros habla.

Sabias palabras
comunicando acción
transformando almas.

Puro idioma
que evoca rebeldías
miedos y dudas.

Inventos, arte
poesía, música:
inspiración.

Rabia al tenerla
pues es tanta la musa
que me traiciona.

Ambiciosa es
al querer mucho más
de lo que tiene.

Como hada o duende
que fastidia, amonesta
vigila, encanta.

Imagen única:
¿Eres una verdad
o una mentira?

¡Oh, tragedia esta
que agota mi paciencia
y es mi alegría!

No la abandono.
Es mi aliento y sostén
mi ser, mi vida.

# Jesús Pérez
Venezuela

## MIRAR

Mientras tenga la
voluntad para lograr
hacerlo, podré.

Inspirarme en
tu mirada será mi
mejor empujón.

Resplandeciente
como la tuya no hay
en ningún lugar.

Admirable es
ya que en ella puedo
confiar sin pensar.

Renunciar jamás
pensaré, mientras esta
me ilumine.

# Manuel Serrano Funes
## España

MEJORA

Mil veces vengo
aunque no estés, te veo
veo tus ojos.

Escucha, alma
mis llantos son silencio
que llama sin voz.

Juntos iremos
cogidos de la mano
y la veremos.

Oye mi amor
grita mi corazón
tu nombre, Luz.

Recojo rayos
caídos por el cielo
que a tus pies poso.

Abajo se oye
tu voz en el silencio
llamando: ¡noche!

# Yorleska González
Venezuela

## MADRE

Mujer capaz de
luchar día a día
emprendedora.

Amorosa y
protectora por sobre
todas las cosas.

Dedicada a
su labor guiando y
velando por su

retoño para
que este pueda serle
útil al mundo.

Enlace de la
familia, comprensiva
y admirable.

# Nereida Meléndez Lebrón
Puerto Rico

## CAUTIVA

Calor árido
la plancha que humea
las teclas rugen.

Aire a gato
altavoz de campanas
ventanas rancias.

Una hora más
contemplo los días pasar
unos más largos.

Tal vez es lunes
los escucho susurrar
repiten salmos.

Idolatrando
el Cristo aún cautivo
arrepentidos.

Visten de negro
profetizando muerte
no hay salida.

Altas persianas
den la señal de huida
que él no llega.

# Nereida Meléndez Lebrón
Puerto Rico

CESÁREA

Cayada por ti
ninfa crucificada
sola muriendo.

Estoy expuesta
mirándome las ramas
veo aún todo.

Soy tronco viejo
tirado y picado
madero roto.

Ángel envuelto
tú sigues aquí tan fría
vuelvo, respiro.

Río antes lloro
testigo de la muda
de mi propio ser.

Eres flor real
sí, como luz latente
que ilumina.

Atada aquí
como nudo de soga
las piernas duermen.

# Garikoitz Arnaiz
Venezuela

SABER

Sagaz destello
que ilumina al ser
de mente clara.

Alma que crece
entendimiento, una
búsqueda sin fin.

Basta con callar
para aprender, sabe
el que escucha.

Encuentra cada
lección como oro y
los miedos atrás.

Recuerda que el
saber te hace libre
avanza firme.

# Julieta Loaiza Montes
Colombia

## ESCRITURA

Estampar letras
arte y don magistral
de los poetas.

Sentimientos y
emociones volcados
en el silencio.

Comunicación
etérea con el lector.
¡Posible encuentro!

Rumiar palabras
ordenar pensamientos
crear, idear mundos.

Invención, fusión
de realidad y ficción
vuelo sin alas.

Trabajo mental
sutil imaginación
abstracción total.

Unificación
cultural de los pueblos.
¡Sabio legado!

Relación del ser
con el entorno; signos
que avivan mentes.

Amado oficio
quedan entre tus letras
las ansias todas.

# Gregorio Oscar Peña
Venezuela

TEMPERATURA

Tú eres un sol
que por dentro sosiega.
Eres mi fuego.

Entregas sombra
que mitiga mis penas.
Eres mi techo.

Mil veces cubres
con tu corazón bueno
mi gran tormento.

Paciencia tienes
cada ocasión que yo
busco tu mano.

Esa mano es
la fogata que sana
mis mil heridas.

Rara vez lloras.
Las lágrimas son mías
así es siempre.

A veces también
espero me buscaras
pero triste vas.

Temperatura:
guardas para mí calor
y para ti frío.

Única eres
en la forma que vives
cómo me amas.

Riegas mis flores
así no tengas agua
para ti misma.

Altiva eres
que callas tus penas y
permaneces mía.

# Maite Ramos Ortiz
Puerto Rico

<u>MURO</u>

Mira las flores
que adornan la frontera
que nos separa.

Unión difícil
aquella que soñamos
los solitarios.

Reina el dolor
por esta absurda pared
que nos aleja.

Ojos y amor
que no saben de estorbos
miran las flores.

# Maite Ramos Ortiz
Puerto Rico

LUTO

Límite absurdo
de las fuerzas vitales
que el dolor toca.

Un estallido
violento destruye alma
y corazón.

Tiempo sombrío
triste y lúgubre es este
el del sino arduo.

Opaca angustia
congoja que acarrea
la soledad.

# **Maite Ramos Ortiz**
Puerto Rico

TEMPO

Tictac, tictoc.
Suena tu paso cierto
e inexorable.

Escapas lento
o raudo. ¡No importa!
Andas sin pausa.

Mas alcanzarte
no puedo; vano empeño
torpe ilusión.

Por favor, frena;
alarga los minutos
y los segundos.

Otra vez pido
que las horas no vuelen
para la risa.

# Federico Jagenberg
Venezuela

TQM

Tú, 2, 3, 4
eres mi princesita
que quiero mucho.

Quién dijo que
no existen los milagros
si te conocí.

Mi princesita
4, 5, 6, 7
y mil veces *LOVE*.

# Federico Jagenberg
Venezuela

LEY

La sala civil
del Tribunal Supremo
de Venezuela.

En su sentencia
aplicó una nueva
jurisprudencia.

Y yo me quedé
otra vez sin comprender
qué dice la ley.

## Ramón L. Aponte
Estados Unidos

AVE

Añoro el cielo
flotando muy despacio
brisa serena.

Voy navegando
soy libre encantado
hoja flotando.

En la enramada
me detengo a cantar
y a meditar.

# Ramón L. Aponte
Estados Unidos

## LIBRE

Liberación
anhelada pasión
sudor y lucha.

Intento grato
es sana obsesión
fuerte rebeldía.

Buen ideal
es divina entrega
de un corazón.

Rumor sonoro
y bien cadencioso
y melodioso.

En esta lucha
vivo y me inspiro
nunca vencido.

# Wanda Lluveras Gómez
Puerto Rico

QUÍMICA

Química no fue
todas fueron fórmulas
no solidarias.

Unos símbolos
hacia lo pasajero
como la nada.

Iniciándose
en lo incomprensible
hecho análisis.

Medidos ayer
con difícil solución
sin algún cambio.

Impetuosos, y
no buscaron lo suyo
con ecuaciones.

Cambio de leyes
en absurda búsqueda
liberadora.

Ansias de lograr
elementos unidos
inmemorables.

# Sulyin Tiberio
Venezuela

## BESO

Besos invaden
mi noche solitaria
la luna besa.

En suspiros, mis
sentidos y mi ser la
abrazan feliz.

Siento sus besos
como gotas de lluvia
frías y dulces.

Ocasionando
fuertes latidos que se
mezclan con pasión.

# Silvia Gabriela Vázquez
## Argentina

### MANO

Muchas harían
una red que salvara
a quien cayera.

Acuna al niño
alimenta su llanto
guía, sostiene.

Nunca se cierra
pues abierta se brinda
comparte abrazos.

Otras se suman
para salvar al mundo
de la caída.

# Silvia Gabriela Vázquez
### Argentina

PAZ

Pide clemencia
en todos los idiomas
esperanzada.

Agonizante
eleva una plegaria
que nadie escucha.

Zurcida avanza
sus castigadas alas
apenas mueve.

# Silvia Gabriela Vázquez
## Argentina

## AGUA

Amablemente
nuestros pies acaricia
mar, lago, río.

Grácil avanza
regando campos verdes
en las colinas.

Une, da, calma
la sed de toda vida
en cada ciclo.

Abraza y cuida
la piel de lo futuro
llueve esperanza...

## Elba Gotay Morales
Puerto Rico

FRUSTRACIÓN

Fallidos vuelos
despegar, azotarse
quebrada total.

Robas mi salud
mis deseos, mis sueños...
insatisfacción.

Últimamente
el llanto, mi aliado
y la soledad.

Sacrificando
mi alma destrozada
intentándolo.

Tempestuoso fluir...
me hundo en sus vientos
sin fortaleza.

Rodando estoy
buscando opciones voy
necesito paz.

Años buscando
estabilidad total...
sin suerte sigo.

Continúo hoy
interminable túnel...
luz quiero ver ya.

Inconcebible
siempre tan mala suerte
imposible es.

Oxigenarme...
verme crecer deseo
no oprimida.

Negro camino
lejana su salida...
roto corazón.

# Óscar Quijada Reyes
Venezuela

MIRADA

Miro sin pasar
un muro colocado
como por nubes.

Inseguridad
marca el camino hasta
el espejismo.

Represiones que
se notan en cada piel
y desde lejos.

Antojoso al ver
cicatrices sin cura
rostros con pena.

Días oscuros
binoculares listos
pista de humo.

Antes de marchar
tropiezo una figura
consoladora.

## María Berenice González Godínez
México

<u>POESÍA</u>

Pensamiento es
nacimiento profundo
una palabra.

Oasis frío
que vuela en abandono
de varias páginas.

Esfera lenta
de letras pasajeras
breve letargo.

Sinestesia en
universos genera
caligrafía.

Ínclito puente
de brío literario
voz implacable.

Aullidos contra
sosiego ausente de
alas lectoras.

# María Berenice González Godínez
## México

<u>SER</u>

Somos nosotros
origen impalpable
en perfección.

Existir con
otros, abrimos los
pasos ligeros.

Realidad
de todos ser iguales
término en polvo.

# Samantha Chirinos
Venezuela

## VIDA

Vida de amor
caminando de manos
amando en paz.

Ilusionada
mirando con amor
feliz contigo.

Demostraciones
encontrando mi vida
eterno amor.

Anoche te vi
y verte feliz, amor
eterna vida.

# Sandra Santana-Segarra
Puerto Rico

ELUCUBRACIONES

En dónde estarás
ahora que te has ido
llegó el insomnio.

Las noches frías
son trampas en el tiempo
que languidece.

Un pensamiento
recorre el laberinto
de mi memoria.

Catastrófica
la duermevela inventa
Apocalipsis.

Unos jinetes
se acercan sigilosos
miden torturas.

Balanceándose
los caballos relinchan
mi desconsuelo.

Resquebrajados
los muros amenazan
caída libre.

Ánimas solas
llegan a acompañarme
con más soledad.

Campanas doblan
por la muerte del sueño
desventurado.

Inexorable
la muerte va acercando
su hoz terrible.

Oscilaciones
las sombras van y vienen
como un péndulo.

Noche encarnada
en presagios oscuros
que me atormentan.

Elucubrando
reconozco que eres tú
mi pesadilla.

Sigue tu rumbo
y con todas tus plagas
desaparece.

# Sandra Santana-Segarra
Puerto Rico

## UNA ROSA AMARILLA

Un día normal
coincidieron caminos
nos encontramos.

No hubo campanas
ni efectos, ni artificios
solo nos vimos.

Aires de triunfo
de un destino que por fin
nos alcanzaba.


Risas cómplices
y nos reconocimos
sin duda alguna.

Oda al misterio
regente de los tiempos
que llaman amor.

Soles y lunas
el universo entero
nos fue propicio.

Antes de todo
fue dicha la sentencia
que sea el amor.

Aires de cambio
la vida se transforma
pero no muere.

Metamorfosis
intercambio de planos
ineludible.

Almas eternas
tenemos la confianza
del reencuentro.

Retornaremos
nos reconoceremos
una y otra vez.

Iluminados
por luces ancestrales
regresaremos.

La luz eterna
y una rosa amarilla
serán la seña.

La paz del cielo
te guarde en este instante
amado mío.

A yacer llaman
el tiempo en esta vida
se ha cumplido.

# Sandra Santana-Segarra
Puerto Rico

ESPERO

Esperándote
se desgajan las horas
entre mis dedos.

Si tú supieras
que mi vida se escapa
siempre tras de ti.

Presagios locos
de prisa, a contratiempo
me descontrolan.

El entusiasmo
me recorre en segundos
cuando te veo.

Revoloteando
los minutos que pasan
me cosquillean.

Oh, pasa el tiempo
y yo viéndote pasar
ay, si me vieras.

# Carmen Chinea Rodríguez
España

## RENIEGO

Reniego el odio
del culto a la sangre
yo, malherida.

Entrego armas
renuncio a la lucha
me repliego.

No reconozco
este vil escenario
de almas rotas.

Intento salir
del desierto infame
hostil y frío.

Elijo huir
de estúpidas guerras
sin vencedores.

Guardo en mi voz
cicatrices eternas
de tiempos tristes.

Otra mirada
pacífica y cálida
encuentra la paz.

# Juan J. Velásquez
## Venezuela

<u>GAY</u>

Guardo mi vida
en un oscuro clóset
cobarde miedo.

A veces siento
que huyo presa de mí
más que de otros.

Y aunque creo
que algún día saldré
ardua espera.

# Kiara M. Cartagena
Puerto Rico

<u>EL HORTICULTOR</u>

En un intento
de olvido renuente
osa cultivar.

La orquestación
modela un léxico
de consternación.

Honra devota
al perfecto estirpe
de su arar.

Ostenta leal
plazos de su angustia
impronunciable.

Resonancias que
sujetan a los verbos
su predicado.

Trae consigo
dos puntas paralelas
fosas amargas.

Ignominias de
matices imprevistos
ya se revelan.

Cadáver cuya
semilla aséptica
emerge cría.

Urge el texto
irrigar ya un pozo
traducir restos.

La parábola
materializa frutos
consagra temor.

Tímido suena
el gemido oculto
en su suelo.

Optimizada
germina sinfonía
muerte liviana.

Resignado hoy
cosecha un intento
en trece coplas.

# Arlene Irizarry
Estados Unidos

## CIBERTÓXICO

Cuento las letras
que tiene tu mensaje
y analizo.

Inconfesables
ataques a mi alma
que no resisto.

Borro las frases
que con furia cruel
me atormentan.

En mi deseo
por sobrevivir estoy
casi sin fuerzas.

Respondo ágil
me doblegas, resisto
no lo permito.

Todo da vueltas
y tu maldad llega sin
ningún aviso.

Ojo por ojo
pienso a ratos, pero
doy marcha atrás.

Xenofobia, que
reina en nuestros días
humillándonos.

Introduciendo
discrimen en las mentes
eres un asco.

Cuarenta letras
o caracteres son tan
pocos o muchos.

O líneas que
descubren el racismo
la triste verdad.

# Arlene Irizarry
Estados Unidos

## CIMA

Cumbre lejana
que observo desde la
quietud del llano.

Inmensa, entre
tus sombras me arropo
confundiéndome.

Majestuosa e
imponente, admiro
tu gran belleza.

Ataviada de
veredas, más rocas y
realidades.

# Krysthal M. Sostre Del Río
Puerto Rico

## ALUD

Acaríciame
soy ladera justa con
derrumbe mutuo.

Lexema leal
relampaguea sin hoy
desolar cuesta.

Unta con fuerza
la tierra que vestirá
antaño y vidas.

Dádiva norte
del enfoque cortejo
barriste suelo.

# Sandra Naffah
Venezuela

## PLAYA

Por las mañanas
me despiertan las olas
con olor a sal.

Los vientos soplan
y de altas palmeras
caen cocos frescos.

Arriba, el sol
mira a los pelícanos
volar y pescar.

Yacen las conchas
que en la arena descansan
mirando al cielo.

Al horizonte
una mezcla de color
ilumina el mar.

# Miguel Ángel Lazarte
Argentina

TIGRE CEBADO

Todo parece
tan maquinal, natural
cruel y letal.

Imperceptible
convertido en follaje
mustio el pelaje.

Goza en silencio
no puede simular
su cruel mirar.

Ruge apacible
rezongando, nomás.
Sabe esperar.

En calma aguarda
no es por hambre que sufre
...matar, lo nutre.


Caza sin piedad
es un tigre cebado
ruin, desalmado.

En plena selva
devoró su riqueza
...cada ave tierna.

Bestial, se adueña
de las más duras fieras
...osos y hienas.

Ánades, gansos
murieron en sus garras
siempre afiladas.

Duda en matar
con escasa ganancia
casi sin paga...

Obra el poder
quiere un país comer
...lame sus garras.

# Ruth Giusti Rosa
Puerto Rico

ÓSCAR

Oh, confinado
al estar lejos, Patria
en mi corazón.

Sé que soy libre
aun tras estas rejas
no hay olvido.

Camino largo
gritando ¡inocencia!
corazón puro.

¡Ay, sacrificio!
falta de un abrazo
dulce y tierno.

Reto al tiempo
y a la mortalidad
busco LIBERTAD.

# Ruth Giusti Rosa
Puerto Rico

## PATRIA

Puerta al cielo
mi terruño amado
crisol antiguo.

Al son del tambor
los bailes, juegos, vida
indio taíno.

Tantos castigos
que marcan la piel negra
y el carimbo.

Reyes lejanos
envían muerte y dolor
en nombre de Dios.

Inicio criollo
de orgullo y lucha
por la libertad.

Aún colonia
pero con identidad
pura y propia.

# Juan Ricardo García
México

CALIA

Creciente imagen
ilusión femenina
de cuerpo terso.

Acaríciame
fuera de evocaciones
antes de partir.

Locura tuya
imaginada sin mí
sin sortilegios.

Idilio mudo
solo miradas tersas
y sensaciones.

Amor desnudo
para ecos de mimos
sirena mía.

# Juan Ricardo García
México

## DERIVA

Demuestra a mí
el aroma quebrado
sin abandono.

Emana de aquí
desde oscuridades
de frases rotas.

Revienta todo
sin alejarte de aquí
de estas sombras.

Inventa todo
azabache ansiosa
sin dejar de ser.

Vamos Luna, ven
cabalga entre nubes
ilumíname.

Adagio por ti
no importa qué pase
aparecerás.

# Claudia Naffah
Venezuela

PISCINA

Pequeños saltan
el agua los recibe
gran alegría.

Inmersión total
el juego ha comenzado
¿quién aguanta más?

Señores sueñan
flotando en el agua
ojos cerrados.

Clavado cabal
un joven deportista
desde un trampolín.

Indispensable
hundirse hasta el fondo
revoloteando.

Nadar sin parar
sensación de libertad
todos disfrutan.

Amonestados
el frío ha comenzado
hora de salir.

# Lionel A. Santiago Vega
Puerto Rico

## HAMBRE

Hay penas que
nos comen lentamente
dilapidándonos.

Albas en baja
que levantan sol, sangre
sin amanecer.

Malquistos rostros
pintan dolor con tinta
y se (des)viven.

Bravos pedazos
de este ser que transmuta
a ratos gritan.

Recuerdan sentir
aunque sean carencias
quebrantándonos.

Engulléndonos
esperando al final
algo que llene.

# Domingo Hernández Varona
## Estados Unidos

ANSIEDAD

Así te siento
viajando mis neuronas
mi paz sublime.

Necesito tu
imagen cadenciosa
lumbre de mí.

Siempre contigo
va mi loca esperanza
en día y en noche.

Ilusión mía
es igual a la tuya
parte de mí.

Esta voz que anda
garganta adentro, pluma
que te ennoblece.

Desenlazado
cabrillo en mi sabana
suelta tus piernas.

Ansiedad mía
de calentarte, amarte
mujer de sueños.

Derrama miel
en mi boca, mis ansias:
mi Poesía...

# Rebecca Pedrosa Martínez
Puerto Rico

## CRISIS

Calla, no digas.
Es solo una traba
importa nada.

Ríe, sé feliz.
No crees una plaga
de la tristeza.

Imita, pues
el gozo contagia
cubre la pena.

Saluda; mira
un mundo ideal te
va esperando.

Ignora, la
pena solo es mito
de eso no hablas.

Silencio, la
crisis no se permite
jamás y nunca.

# Elbelis Perdomo
Venezuela

## VENEZUELA

Valor que no di
su belleza latente
oportunidad.

Esperanza mía
corazón lacerado
yo, que te amo.

Nací tricolor
vista en las estrellas
canto de turpial.

Escucha lejos
mi sollozo clemente
yo te espero.

Zona de hambre
mujeres tan divinas
cuando visitas.

Última muestra
avión casi aterriza
amor de quinta.

Excúsame tú
yo no podría dejarte
no fue cobardía.

Lamento el adiós
araguaney añorado
fue un hasta luego.

Amada mía eres
país con nombre de mujer
querido hogar.

*Ellos dijeron lo que querían decir.*

www.ingramcontent.com/pod-product-compliance
Lightning Source LLC
Chambersburg PA
CBHW051830090426
42736CB00011B/1730